AF348643

AMÉTHYSTE Y

Féroce Intention de donner la Vie (FIV), mon petit guide de survie

TÉMOIGNAGE

Prologue

Adolescente, quand je pensais à la maternité, il était clair pour moi que je voulais adopter. Il y avait tellement d'enfants dans le monde en mal de parents, que je ne concevais pas d'en fabriquer d'autres, plutôt que de donner la chance à ces petits êtres abandonnés de recevoir de l'amour d'un parent, même de substitution. Je n'en voulais pas non plus à ceux pour qui il était primordial d'en avoir à eux. Je les comprenais, et pourtant, je ne pouvais imaginer la maternité en ce sens.

Je souhaitais quoi qu'il en soit, devenir maman jeune, dans ma vingtaine idéalement. Sans nul doute grâce à la très belle relation que j'ai avec ma propre maman, avec qui j'ai partagé et partage encore tant de moments complices, qui selon moi peuvent être favorisés par une différence de générations peu importante.

Plus tard, mes pensées et projets ont commencé à évoluer, faisant doucement la place à cette éventuelle possibilité de donner la vie, sans savoir ce qui m'attendrait par la suite.

Aujourd'hui, des années et de nombreuses réflexions et expériences plus tard, bien que le projet d'adopter demeure à une place toute particulière dans mon cœur, enfanter est devenu un désir profond, alors même que je ne sais pas si cela pourra ou non se produire.

Quand on y pense, l'univers a un sens de l'humour bien particulier...

Ce livre est en quelque sorte le journal du déroulement de ma **FIV***, *documenté au fil du temps, avec une touche d'humour et d'autodérision je l'espère.*

*Pour celles et ceux qui n'auraient pas lu « C'est normal d'avoir mal », dont ce livre est en quelque sorte la suite, quelques petites choses à savoir. J'ai 25 ans. Je suis atteinte d'***endométriose***, *une maladie gynécologique qui touche environ une femme sur 10. Il s'agit d'une maladie qui provoque la migration de tissus de l'endomètre dans d'autres parties du corps, en particulier dans l'abdomen. Tissus qui sont inflammatoires et vont saigner à chaque période de règles et même en dehors, provoquant des dommages au niveau d'autres organes. Cette maladie a été diagnostiquée chez moi il y a maintenant un an, et peut causer des problèmes d'infertilité, ce qui est le cas pour moi.*

Chapitre 1 : L'avant, ou l'art de psychoter 100 ans plus tôt

Nous sommes à J-34 avant le démarrage du traitement. Mille et unes pensées traversent mon esprit chaque jour. Et à la clé, la question à un million : va-t'on avoir la chance de devenir parents bientôt ?

Bon, pour notre futur enfant, est-ce que ce sera une chance d'avoir une folle comme moi comme mère, ça c'est un autre débat… Oui il faut bien en rire.

Rire, de tout et de n'importe quoi, pour ne pas sombrer dans des pensées négatives. Car même si la vie est relativement belle et que des choses très positives arrivent, que de belles âmes m'entourent, ce sujet en particulier me pèse sur le cœur.

Nous aimerions tellement devenir parents, et savoir que c'est un combat perpétuel que nous menons, sans aucune assurance que quoique ce soit fonctionne, est parfois très lourd à porter.

En attendant, j'essaie de m'occuper l'esprit. L'écriture de ce livre fait partie de la thérapie. Et pourtant, je ne pensais pas remonter sur le ring des lignes aussi vite.

Car je suis terrifiée par la suite. Mais je veux partager, mes doutes, mes craintes, peut-être aussi de futures victoires. C'est un moyen pour moi d'exprimer tous ces sentiments mais cet écrit servira peut-être aussi à d'autres femmes passant par là.

Pas comme d'exemple, car je n'ai pas la prétention de montrer l'exemple à qui que ce soit et ce quelque soit le domaine. Cet écrit se veut plutôt être un support, un soutien, un espoir. Une béquille dans la difficulté, un éclat de rire devant les bêtises que je peux débiter, une autre illustration de la diversité des expériences vécues, un moyen de relativiser… Bref, faites-en vraiment ce que vous voulez, tant que ça vous fait du bien !

« Et bla et bla et bla

Blablabla

Bip bip bop

Babidibou »

[Ceci est un aparté, à savoir mon merveilleux compagnon passé devant mon écran pendant que j'étais occupée à autre chose. Quand je vous dis que je bénéficie d'un soutien inconditionnel… - Et comme je le soutiens moi aussi, je lui ai promis [d'aucuns verraient peut-être ça comme une menace mais qu'importe] de garder ces quelques lignes très constructives bien au chaud.

Nous sommes le 6 mars. C'est dans un mois. Un mois jour pour jour et nous nous lancerons dans cette aventure qu'est la ***Fécondation In Vitro****, avec ses hauts et ses bas. Je suis au bureau et je ne peux m'empêcher d'y penser. De tourner tout ça sous tous les angles. D'imaginer, de projeter, le positif, le négatif, mes pensées sont totalement embrouillées.

L'attente est longue, et d'un autre côté, les jours et semaines défilent, avec leur lot de questionnements mais aussi, il faut bien le dire, d'espoir.

<u>Mon conseil</u> : C'est le moment de vous découvrir des passions. Explorez les domaines qui vous font du bien, ça ne peut qu'aider. À occuper son temps, à penser à autre chose. Car ça peut vite devenir épuisant. Bien sûr, le but n'est pas non plus de vous épuiser à ne plus savoir où donner de la tête dans vos activités. Car vous aurez besoin de toute l'énergie possible.

Chapitre 2 : La préparation

Le calendrier

Moi qui suis une fan inconditionnelle de l'organisation, je ne pouvais me lancer dans un tel cheminement sans un outil aussi précieux que le calendrier.

Toute fière, je me suis donc racheté des crayons de couleurs (la gamine je vous jure) afin de nous concocter un arc-en-ciel de rendez-vous en tous genres et de noms de cocktails à injecter tous plus pourris les uns que les autres.

Je m'y atèle donc un dimanche soir, suivant scrupuleusement la feuille de route transmise par la sage-femme lors de notre précédente entrevue, avec une couleur pour chaque type de rendez-vous ou de médicament. Bien entendu, je n'ai pas encore toutes les informations nécessaires pour le compléter jusqu'à la fin, car certains rendez-vous dépendront des précédents, de même que la stimulation se poursuivra ou non en fonction des premiers résultats des monitoring et prises de sang.

En somme, pas mal d'action nous attend.

Amour participera même au coloriage et nous afficherons fièrement notre œuvre sur notre frigo. Idée qu'au départ j'avais voulu écarter ; bien qu'il me semblait que ce soit l'emplacement idéal pour le voir et ne rien oublier ; de peur d'attirer des regards surpris. Mais comme il me l'a fait remarquer, les personnes les plus proches de nous sont toutes averties et concernées par notre situation, et ce sont essentiellement celles qui sont amenées à nous rendre visite et à consulter notre frigo donc.

Lundi	Mardi	Mercredi	Jeudi	Vendredi	Samedi	Dimanche
					D	D
D arrêt pilule	D	D	D	D	D	D
Prise de sang + écho D+F	D+F	D+F	D+F	D+F	D+F	D+F
D+F	Prise de sang + écho D+F	D+F	D+F	Prise de sang et écho O+F	D+F	F+O
	Ovulation ovocytes					

D = Décapeptyl
F = Fertistart
O = Ovitrelle

Ni une ni deux, dans la semaine suivant l'activité coloriage, me voilà prête à contacter celle qui deviendra mon infirmière à domicile [juste pour le plaisir de le dire, tant ça me fait drôle].

Il s'agit de l'amie d'une amie, dont cette dernière m'a parlé en m'en disant le plus grand bien. Et chanceuse que je suis, elle est située dans la ville où nous avons récemment emménagé. C'est un point plutôt positif dans la mesure où les piqûres devront se faire à heure régulière, ainsi j'aurai un peu moins peur des aléas qu'elle pourrait rencontrer sur le trajet jusques la maison.

Je prends donc contact avec elle et même sans la voir, elle me rassure déjà. Il n'y a pas de souci, nous pourrons travailler ensemble. De plus, ses collègues et elles ont déjà pris en charge des femmes durant les procédures de FIV, elles connaissent donc le protocole, et les contraintes qui vont avec.

Rendez-vous est donc pris, nous nous rappellerons entre temps. Et nous verrons donc très bientôt, car en dépit de mon impatience grandissante, les jours et semaines défilent, et bientôt viendra le moment.

Manger, bouger

Il est important, chez l'homme comme chez la femme, afin de favoriser la bonne qualité des gamètes, d'avoir une alimentation équilibrée et de pratiquer une activité physique régulière [oui on se croirait dans la publicité « manger, bouger »].

Il n'empêche qu'il s'agit de recommandations réelles lorsqu'il s'agit de procédures telles que la FIV, bien que pour la vie de tous les jours, ce soit aussi conseillé.

Dans l'absolu, ce n'est pas quelque chose qui me paraît insurmontable car nous essayons, tant bien que mal Amour et moi d'avoir un style de vie plus ou moins sain. Nous tentons de manger équilibré (le week-end ça ne compte pas, on est d'accord ? ;)) et pratiquons au moins une activité sportive plusieurs fois par semaine.

Pour lui, du vélo elliptique, et pour moi un peu de ça, de fitness [quand mon corps me le permet ; car il faut avouer que je n'ai pas tous les jours les ressources pour] et de yoga. Cette dernière activité m'apaise grandement, moi dont l'esprit tourne habituellement à 200 à l'heure. Elle me permet de me recentrer, d'apaiser ce tumulte intérieur, et constitue également une très bonne alternative pour les jours « sans » d'un point de vue physique.

Quand la maladie ou la fatigue reprennent le dessus, le yoga devient un peu ma bouée de sauvetage, pour soulager certaines petites douleurs, et pour pratiquer une activité plus douce mais une activité quand même. Une façon de ne pas me sentir complètement inutile, car oui ça arrive.

Il s'agira donc de garder cette routine, voire de l'améliorer, pour mettre toutes les chances de notre côté.

La consommation d'alcool est également à limiter. Très occasionnelle chez nous, et limitée à nos rencontres entre amis, c'est encore un point qui ne pose pas de problème. Et puis, en ce qui me concerne, c'est un entraînement pour la suite et j'espère bien ne plus en boire une goutte pendant un certain temps !

Le point un peu plus problématique pour ma part, est le risque de prendre du poids durant le traitement. Je m'interroge sur comment je vais y réagir, et si prise de poids il y a, de l'ordre de combien de kilos on parlera.

Ayant prit quelques kilos durant les festivités de fin d'année [qui de vous me jettera la pierre ?], j'essaie de maîtriser mon poids, voire de perdre un petit kilo en amont, pour faire de la place au cas où, haha.

Bien entendu, une fois le traitement commencé, je ne me mettrai plus cette pression et ferai juste attention à continuer à avoir un rythme de vie normal, en fonction des possibilités de mon corps. Et de mon esprit, car les contraintes seront probablement assez nombreuses à ce moment-là pour ne pas, en plus, s'ajouter de la culpabilité.

Bon, au bout de deux semaines, je n'ai pas perdu un gramme, mais ce n'est pas grave. Il m'en reste encore deux, et après tout, ce n'est qu'une question de confort. Mon IMC est bon, comme les petits plats auxquels je ne résiste pas...

Bilan de juste avant traitement. Je me rends compte que ce n'était pas une si bonne idée de vouloir perdre du poids durant cette période. Non seulement ça n'a pas marché mais j'ai surtout l'impression de m'être malgré tout rajouté un obstacle. Et de ne pas m'être assez écoutée. Car sous prétexte de vouloir faire fondre ces quelques grammes, j'ai parfois trop demandé à mon corps, quitte à me sentir encore plus mal après une séance de sport qui réveillera les douleurs d'endométriose ou provoquera même de petits saignements. Je suis également fatiguée, physiquement et psychologiquement et ces dernières semaines de travail ont été assez épuisantes.

J'ai toujours voulu tester des médecines alternatives telles que l'acupuncture, pour tous les bienfaits entendus sur ces pratiques ancestrales. Dans le cadre de la FIV, cela semblait être une bonne idée pour influer en quelque sorte sur l'énergie de mon corps, et sans doute de mon esprit également.

J'ai donc pris rendez-vous, assez tardivement ; négligence quand tu nous tiens. Il faut dire aussi que ce type de médecine n'est pas toujours pris en charge par les mutuelles et a un coût assez important (en moyenne 50€ la séance), ce qui peut être un frein.

Quoiqu'il en soit, dans mon cas, j'ai été assez impressionnée par cet art. Non seulement, la praticienne pouvait déceler des dysfonctionnements chez moi rien qu'en observant certaines partie de mon corps. Et ses aiguilles ont pu soulager à la fois des douleurs au niveau de mon bas-ventre, dues à l'endométriose (même pendant les règles alors que je ne le croyais pas possible) et également au niveau de mon dos. C'est également un bon moyen de se détendre puisqu'au fil de la séance, l'on se sent envahi d'une quiétude, jusqu'à parfois s'endormir.

Quant à savoir si cela aura un impact positif sur la FIV, je ne saurais le dire mais je pense que tout ce qui peut avoir un impact positif sur mon corps et sur mon esprit en cette période difficile ne pourra avoir qu'un effet bénéfique sur le traitement en cours.

Je parle de l'acupuncture parce que c'est la seule chose que j'ai essayé à l'heure actuelle, mais il existe beaucoup d'autres disciplines telles que la réflexologie, l'ostéopathie… qui peuvent probablement devenir des alliés lors de ce cheminement. Je pense d'ailleurs essayer le Reiki, dont on m'a parlé, afin de travailler également sur l'aspect émotionnel qui peut lui aussi jouer un rôle déterminant sur notre état de santé.

Ceci n'est pas une poupée vaudou mais moi en séance d'acupuncture
Oui je suis une quiche en dessin !

<u>Mon conseil</u> : Si vous sentez qu'une prise en charge complémentaire est nécessaire afin de vous accompagner sur ce chemin, alors n'hésitez pas à franchir le pas. Attention toutefois à ne pas abuser de l'automédication en prenant le risque d'interactions avec le traitement médical donné. Des professionnels sont à disposition pour vous conseiller et vous orienter.

Se préparer au traitement est important. La partie alimentation et activité physique fait partie du deal. Mais l'essentiel il me semble, est de s'écouter. Non pas écouter la flemme du dimanche quand on n'a qu'une envie, celle de se planquer dans son canapé (quoique ça fait aussi du bien). Mais d'écouter réellement ce que dit notre corps et notre esprit. Et de savoir surtout quand il nous murmure que c'est trop demandé.

*Chapitre 3 : Les imprévus, je les emm*rde !*

Nous sommes deux semaines avant le début des injections. Aujourd'hui se déroule ma deuxième **hystéroscopie***, une de contrôle avant le démarrage de la FIV. Du moins c'est ce que l'on pensait.

Je suis seule, Amour travaille et puis c'est la deuxième fois que je pratique cet examen, je ne suis donc pas plus inquiète que ça. J'ai eu les résultats de ma prise de sang en amont. Mon taux de thyroïde a baissé par rapport à la dernière fois, j'espère que ce n'est pas trop grave. Quant au marqueur de l'inflammation, il a beaucoup diminué depuis la fois dernière, nous étions vraiment content en le constatant Amour et moi. Ça veut dire que l'inflammation due à l'endométriose a baissé !

C'est un autre médecin que ma gynécologue habituelle qui pratique l'examen aujourd'hui. Enfin, c'est son interne qui va le démarrer, il faut bien qu'elle apprenne après tout. Ce n'est encore une fois pas agréable, mais je supporte tant bien que mal. J'ai un petit peu la tête qui tourne, mais c'est surtout parce que j'ai faim.

Durant l'examen, le médecin marmonne à plusieurs reprises, il n'a pas l'air satisfait de ce qu'il voit. Et je dois dire que je ne le suis pas vraiment non plus. Je ne suis pas médecin mais de gros vaisseaux pleins de sang, ça ne m'a pas l'air top ! Le médecin me demande alors quelle pilule je prends et je lui réponds. Puis il commence à m'expliquer ce qu'il voit, tout en donnant des explications à son étudiante. Il me montre les vaisseaux gorgés de sang et me dit qu'il y a encore beaucoup d'inflammations dans l'utérus. Et surprise ! J'ai développé des *polypes**.

Après l'examen, je me rhabille et passe donc dans le bureau du médecin pour des explications plus approfondies. Il revient alors sur mes résultats de prise de sang et sur l'hystéroscopie qui vient de se dérouler. Contrairement à ce que je pensais, le taux pour ma glande thyroïde est dans la norme, bien qu'il ait diminué. En revanche, le médecin m'explique que même si l'inflammation a encore diminué au cours des semaines qui viennent de s'écouler, elle n'atteint toujours pas une valeur correcte. Autrement dit, c'est toujours le bordel là-dedans et ça, ça ne va pas pour la suite.

Il me regarde et déclare alors :

— On va faire la FIV mais on ne fera pas le transfert, car il faudra rediscuter de votre cas, et trouver une solution pour diminuer ou faire disparaître ces inflammations au sein de l'utérus.

Le sol se dérobe sous mes pieds, je ne comprends pas bien ce qu'il est en train de me dire. Comment ça, on va faire la FIV mais pas le transfert…

— Alors ça veut dire quoi, on va faire quand même les injections mais…, je l'interroge.

Ce à quoi il me répond que oui, nous allons faire les injections, aller jusqu'à la ponction des ovocytes de mon côtés, et des spermatozoïdes chez Amour. Nous ferons également la fécondation. Mais si on obtient de beaux embryons, ceux-ci seront directement congelés, le temps de trouver des « solutions », car ce serait dommage de les placer dans un environnement où ils n'auront que très peu, si ce n'est pas du tout, de chances de se développer.

J'ai peine à contenir mes larmes, je les regarde, cherchant mes mots. L'interne me regarde avec compassion, puis détourne les yeux, sachant que je suis sur le point de perdre contenance.

L'on fait ensuite un rapide tour de mes ordonnances, car je dois poursuivre les traitements en cours durant la FIV, à savoir corticoïdes, traitement pour la thyroïde, acide folique et probiotiques.

Je sors enfin de ce bureau pour laisser s'échapper mes larmes. Je marche jusqu'à la voiture et m'installe sur mon siège, avant d'ouvrir les vannes. Il faut que ça sorte. Je suis anéantie. La lumière au bout du tunnel, la partie la plus « agréable » de tout ce processus vient d'être éloignée de moi, de nous, en une fraction de seconde.

Je n'ai pas envie non plus de l'annoncer à mon amour, je sais la déception que je vais lire dans son regard. Et même si rien de tout cela n'est de ma faute, je me sens coupable. Une nouvelle fois. C'est comme si mon corps trouvait toujours un nouveau prétexte pour retarder l'accueil de cet enfant tant désiré. D'autant que plusieurs contretemps avaient déjà différé le traitement lié à la FIV, d'abord à cause de mes inflammations encore présentes, ensuite en fonction des disponibilités réduites au centre.

Comme à son habitude, Amour sera fort. Il montrera sa déception mais avant tout sera là pour éponger mes larmes, et me rappeler que ce n'est que différé dans le temps, et non annulé. Que nous finirons par y arriver. Et c'est tout ce que j'ai besoin d'entendre à cet instant.

Mon conseil : avoir l'esprit ouvert au changement me paraît primordial lors d'un parcours de PMA. C'est extrêmement difficile car le plus souvent nous sommes résistants aux changements. Mais dans ce parcours tumultueux, il faut avoir le cœur capable de se plier, pour ne pas se briser. Car chaque jour apporte son lot de surprises, et chaque examen pratiqué peut orienter la suite différemment. La persévérance est alors de mise. Continuer à mettre un pied devant l'autre, essayer de dénicher du positif en tout, malgré les imprévus.

Et pour moi, ce positif c'est d'abord l'amour et le soutien sans faille de mon compagnon. Ensuite la certitude qu'un jour, nous serons parents. Et une petite dernière pour la route, j'aurais peut-être un petit laps de temps pour me remettre du traitement avant d'enchaîner sur les maux de grossesse directement.

Chapitre 4 : On passe aux choses sérieuses ?

Les traitements administrés dans le cadre d'une fécondation in vitro peuvent être très divers. Je tiens donc à préciser que je ne parlerai que de mon cas, que je connais suffisamment, et n'en ferai pas une généralité. Chaque personne, chaque histoire, chaque parcours est différent, et ce qui fonctionne pour certains ne fonctionnera peut-être pas pour d'autres. Alors c'est parti, pour un tour d'horizon de tous les plaisirs expérimentés durant cette période de traitement.

Le mien de traitement est composé de plusieurs périodes :

- Premièrement, l'on m'administre du Décapeptyl durant 9 jours, afin que celui-ci prenne le relais de ma pilule contraceptive (que je prends en continu depuis quelques mois). Au $3^{\text{ème}}$ jour de ce premier traitement, je peux donc stopper ma contraception habituelle. La sage-femme m'a prévenu que durant ce laps de temps, je pourrais avoir « de fausses règles », mais j'y reviendrai plus tard.
- Ensuite, vient le temps de la stimulation et cette fois s'ajoutera du Fertistart pendant 14 jours, afin de stimuler les follicules qui pourront donner de jolis ovocytes.
- Enfin, on me prescrit de l'Ovitrelle, produit visant à déclencher l'ovulation, le moment venu.

Quant au mode d'administration, l'ensemble du traitement est à injecter en sous-cutané. Comme précisé plus haut, ce sera donc une infirmière qui réalisera les injections pour moi.

À présent, entrons dans le vif du sujet [non, on n'y était toujours pas].

Mesdames les fausses règles

Je suis partagée entre penser que la sage-femme s'est complètement foutue de moi [mais par politesse, non en fait par conviction je ne vais pas choisir de retenir cette option] ou qu'elle en a parlé d'une façon générale, sans prendre en compte la spécificité de l'endométriose.

Quoi qu'il en soit, ne vous laissez pas avoir, « fausses règles » ne va pas de pair avec « fausses douleurs ». Je les retrouve donc, après plusieurs mois d'absence (merci la pilule !), sans aucun plaisir, ces douleurs qui me laissent pliée en deux. A moi les nuits sans sommeil, la poche chaude qui ne suffit pas et la peur de prendre des comprimés pour la douleur, ne sachant pas si cela peut interférer avec le traitement.

<u>Mon conseil</u> : si vous avez des règles douloureuses, endométriose ou non, pensez à anticiper et à demander à votre médecin quels médicaments vous pouvez prendre ou

non, sans danger. Je vous rassure, j'ai eu la réponse par la suite et dans mon cas cela ne posait pas de problème, mais j'ai eu le temps de me laisser un peu trop souffrir dans l'attente et ce n'est jamais très agréable.

« Mince, qu'est-ce que ça tourne là-haut »

Les effets secondaires peuvent être très différents d'un traitement à l'autre, et encore une fois d'une personne à l'autre.

Les vertiges ont commencé très vite pour moi, à peine quelques jours après le début du Décapeptyl. Et même plus que des vertiges, je dirais que j'avais une sensation de faiblesse intense, comme si je n'avais plus de force, ni dans les jambes, ni dans les bras. J'ai évité au maximum de conduire durant la période de traitement.

<u>Mon conseil</u> : Ne prenez pas de risque inutile. Si vous ressentez des vertiges, éviter au maximum les situations qui pourraient vous mettre en danger ou mettre d'autres personnes en danger. Par exemple, conduire, ou encore grimper sur un escabot pour aller chercher quelque chose en hauteur. Ce n'est définitivement pas le moment d'aller bricoler ou re décorer les pièces de la maison.

La fatigue est l'un des symptômes que j'ai ressenti le plus, dès le début du traitement. Et c'est d'ailleurs en grande partie ce qui m'a poussé à arrêter de travailler durant les quelques semaines d'injections. Il ne s'agit pas là d'une légère fatigue, comme une nuit où on n'a pas vraiment bien dormi. Mais plutôt de l'impression de s'être fait rouler dessus par un train et de ne pas s'en remettre [normal après un train me direz-vous], et ce malgré les heures de sommeil. C'est se réveiller et s'endormir fatiguée, c'est avoir du mal à réaliser des tâches plutôt banales comme le ménage qui désormais est fractionné en mini tâches. Exit le sport également, même pour le yoga qui habituellement me demande déjà moins d'énergie que pour les sports plus traditionnels. C'est se sentir parfois inutile, parce que le moindre mouvement épuise.

Mon conseil : Reposez-vous, autant que possible. Je sais que c'est une chance pour moi d'avoir pu m'arrêter de travailler quelques temps, et que ce n'est pas toujours possible, pour diverses raisons. Mais faites au mieux, et surtout faites-vous aider. Il est parfois difficile de lâcher prise et de passer le relais, mais c'est pourtant indispensable lorsque l'on se fait malmener par un traitement comme celui-là, qui demande déjà beaucoup d'énergie, physiquement mais aussi mentalement. Et le poids de cette fatigue mentale n'est surtout pas à négliger. Vos futurs embryons ont besoin de vous !

Du rire au larmes

Les changements d'humeur sont monnaie assez courante lorsqu'on parle de traitements hormonaux. Ils peuvent se produire fréquemment, et surtout à des moments plutôt impromptus. Il m'est arrivé de fondre en larmes, sur mon lieu de travail, me sentant écrasée par un poids immense, que j'avais l'impression de ne pas être en mesure de porter. Cela m'est arrivé également chez moi, soudainement alors que l'instant d'avant, je discutais avec Amour en ayant l'impression d'aller bien. Et la minute suivante, me voilà, matérialisée par un torrent de larmes avec le regard d'Amour fixé sur moi, incrédule. Une petite taquinerie de sa part et c'est reparti pour les sanglots.

À l'inverse, j'ai parfois ri aussi, pendant de longues minutes, de choses parfaitement stupides et probablement pas drôles du tout étant donné que j'étais la seule à m'en amuser. Ça avait au mois le mérite de provoquer le rire de mon cher compagnon également, et je dois dire que c'est vachement plus agréable dans ce sens là.

Tout ça pour dire que cela peut être très perturbant, ces émotions parfois amplifiées, dont on n'a pas forcément l'habitude. Et il arrive qu'à travers tout ça, l'on ait un peu de mal à se reconnaître.

<u>Mon conseil :</u> Essayez de ne pas vous sentir coupable lorsque ces moments arrivent. C'est difficile parce qu'il peut vous arriver de faire rejaillir ces émotions sur les autres et plus particulièrement sur votre moitié, qui ne le mérite certainement pas. Mais vous ne le faites pas exprès, il est important de le comprendre. Le mieux est de vous préparer tous les deux en amont à ces éventualités. Discutez-en et cela permettra de se rappeler le moment venu que tout ceci n'est qu'une période, et que votre vous avec votre caractère propre sera de retour bien assez tôt. En attendant, il faudra pour vos proches s'armer de patience et de compréhension.

« Chéri, je me sens un peu nauséeuse »

Voilà encore un symptôme qui peut être ressenti durant le traitement administré pour la FIV, les nausées et/ou vomissements.

J'ai commencé à me sentir un peu nauséeuse dès les premiers jours de traitement par Décapeptyl. Mais dans mon cas ce n'était pas un état permanent. Les nausées venaient et repartaient, parfois assez soudainement, sans être trop violentes. Et je n'ai pas souffert de vomissements. C'est un des symptômes que je craignais le plus parce que soyons honnêtes, qui aime vomir ? Je suis donc assez soulagée que ce soit supportable. Je n'ai pas non plus vraiment changé d'appétit, comme cela peut parfois être le cas. Il n'y a pas de petite victoire.

Mon conseil : J'ai testé les infusions au gingembre et ça peut aider à soulager les maux d'estomac. C'est une assez bonne alternative aux médicaments si cela fonctionne pour vous.

« C'est moi ou il fait un peu chaud ?! »

Ce n'est pas quelque chose qui a été proéminent dans mon cas mais les bouffées de chaleur peuvent faire partie du tableau et vous mettre parfois mal à l'aise. D'autant plus lorsque vous vivez dans un climat déjà chaud. Cela m'est arrivé quelques jours, notamment au début de la prise du Décapeptyl, mais bien heureusement elles ne duraient pas plus de quelques minutes. Excepté une nuit où elles m'ont franchement empêché de dormir.

<u>Mon conseil</u> : Prévoyez de vous trouver à proximité d'un ventilateur. On ne peut pas toutes être Cléopâtre et se faire rafraîchir à l'aide de feuilles de palmiers, dommage…

Les douleurs pelviennes et abdominales

Durant la stimulation, il n'est pas rare de ressentir des douleurs localisées au niveau du bas-ventre, et plus précisément au niveau des ovaires.

Bien sûr, une douleur trop forte doit vous alerter et vous pousser à consulter si nécessaire. Mais du reste, ces douleurs peuvent prendre la forme de « pics » qui parfois surprennent de par leur caractère soudain. Cela reste en principe du domaine du supportable, bien que pas franchement agréable. Ces douleurs m'ont rappelé les douleurs ressenties durant l'ovulation, lorsque je n'étais plus sous pilule.

À noter que j'ai ressenti de fortes douleurs après le déclenchement de l'ovulation par Ovitrelle, semblables à des douleurs de règles et qui sont passées presque instantanément après la ponction.

<u>Mon conseil</u> : Appliquer du chaud sur la région douloureuse peut aider à la soulager. Si cela ne suffit pas, voyez avec votre médecin quels antidouleurs vous êtes autorisées à prendre.

Des maux de dos

Après quelques jours de stimulation ovarienne, j'ai commencé à avoir des douleurs lombaires assez fortes, qui ont démarré de façon assez soudaine. Celles-ci ont duré plusieurs jours et étaient assez gênantes au quotidien.

<u>Mon conseil</u> : Reposez-vous autant que possible, avec un coussin sous l'endroit douloureux, ça peut faire du bien. À prévoir également pour les trajets en voiture où la position assise peut s'avérer douloureuse. L'acupuncture m'a également beaucoup soulagée de ce type de douleurs et ce pendant plusieurs jours d'affilée.

Les seins douloureux

Et oui ! Vous pensiez que c'en était fini de la liste des symptômes ressentis ? Et bien c'est raté ! Parmi les désagréments observés, je vous présente les seins sensibles, voire même carrément douloureux. Pour moi, ça a été vers la fin de la stimulation que ça a commencé à devenir gênant avec une sensibilité au contact des vêtements ou une douleur au toucher.

Mon conseil : Alors là, je sèche… peut-être bien ne pas porter de soutien-gorge si ça vous fait sentir mieux. Du reste, attendre que ça passe.

Les bleus

Il est fréquent durant la période de stimulation de voir apparaître des bleus au niveau du site d'injection, au fil des piqûres répétées. J'en ai eu quelques uns, qui s'estompent au fil des jours et heureusement pas sensibles au toucher. En revanche, au niveau du ventre, la peau a parfois été tendue et sensible donc certains jours d'injections ont été plus douloureux que d'autres.

<u>Mon conseil :</u> une petite pommade à l'arnica peut aider à la disparition plus rapide de ces tâches si elles vous gênent vraiment.

« J'ai grossi ou j'ai grossi ? »

La fameuse prise de poids, la tant redoutée. Encore une fois, chaque cas est différent. Mais le traitement pris, conjugué au fait de ne plus être en mesure de faire du sport car très fatiguée, m'a en effet fait prendre du poids, 1,6kg pour être plus précise. Et cela, malgré une alimentation qui n'a pas vraiment changé. Bon ok, je me suis parfois moins refusée un petit sorbet pour le dessert, mais non je ne me suis pas mise à grignoter ou à m'empiffrer à longueur de journée.

<u>Mon conseil :</u> Ne vous culpabilisez pas si vous prenez un peu de poids durant cette période. Non, ce n'est effectivement pas le moment de commencer à manger pour 4, il faut essayer de rester raisonnable. Mais oui, la prise de poids peut arriver, et avec toutes les choses que vous avez déjà à gérer, elle est sûrement la moins importante à prendre en compte. Je parle bien entendu de cas de femmes n'étant pas déjà en surpoids et dans une

mesure où la prise de poids n'est pas dangereuse pour la santé. Vous aurez le temps de vous occuper de retrouver la forme une fois le traitement terminé.

Il me semble avoir fait le tour des petits moments de gloire de la procédure, en fonction de ce que j'ai pu expérimenter. Il est possible que vous ne ressentiez aucun de ces symptômes, ou au contraire que vous en connaissiez d'autres. Je ne cesse de le répéter, chacune de nous est différente et traverse cette épreuve à sa façon. Le tout étant de garder à l'esprit la force qui nous anime tout au long du processus, afin de faire face au mieux aux difficultés qui se présentent.

Chapitre 5 : *Et si on allait voir du côté de nos futurs embryons ?*

Tout au long du protocole de FIV, a lieu une surveillance médicale, par le biais de prises de sang et d'échographies, afin de vérifier que tout se passe comme prévu. Car en effet, même s'il faut stimuler les ovaires, il faut aussi éviter notamment une hyperstimulation, qui constitue un risque pour la santé.

Dans mon cas, il y aura 3 échographies accompagnées de prise de sang à chacune d'elles.

La première a lieu le 10ème jour à partir du début des injections de Décapeptyl. Ce premier contrôle est l'occasion de faire un bilan sanguin, mesurant à la fois le taux de plaquettes, leucocytes… (qui serviront par la suite pour l'anesthésie générale de la ponction) et le taux d'hormones. Mais il s'agit également de vérifier que durant les semaines précédentes et grâce aux différents traitements pris, les ovaires ont bien été au repos, afin de démarrer la stimulation dans les meilleures conditions possibles. Et c'est le cas, mes petits ovaires sont ce jour-là bien rabougris, signe qu'il est temps de leur donner un petit coup de fouet. Allez, fini le temps de la farniente !

Le second contrôle a lieu le 9ème jour de la stimulation par Fertistart, et permet de constater le nombre de follicules présents sur chaque ovaire. Pour moi, il y en a à ce moment, environ 4 ou 5 de chaque côté, de tailles différentes, allant de tout petits à un de 19mm, sur lequel d'ailleurs la sage-femme me dit qu'il ne faudra pas se concentrer car il est trop gros. Mais le plus important est que dans l'ensemble, les follicules se développent normalement, et il n'y a aucun signe d'hyperstimulation. Les taux d'hormones relevés par prise de sang sont quand à eux très biens.

Ce rendez-vous me donne un nouveau souffle. Rien qu'en voyant ces petites cellules grandir, alors même que nous ne savons pas si elles vont ou non permettre d'obtenir de beaux ovules, je me sens d'autant plus battante. Car oui, l'infertilité est un combat de tous les jours, tout comme l'endométriose. Et pourtant, là, maintenant, j'ai envie de ne rien lâcher du tout. Jamais. Pas avant que nous soyons parents. Et c'est avec cette détermination que la stimulation se poursuit.

Enfin, la dernière échographie a lieu 3 jour après la seconde, soit au jour 12 de la stimulation. Depuis la fois dernière, certains follicules ont grossi, et des petits se sont davantage développés. On en compte désormais 8 à droite, et 5 à gauche. [Et il faut dire que je les sentais bien ces petits droitiers, à me piquer sans arrêt]. Un ou deux follicules seront probablement trop gros pour être utilisables, car il se seraient développés trop rapidement et par conséquent risquent d'être vides, mais on en a. La stimulation va se poursuivre encore quelques jours, puis aura lieu le déclenchement de l'ovulation, par le biais de l'injection d'Ovitrelle. D'après les taux d'hormones, la date de la ponction pourra m'être confirmée dans l'après-midi. Nous sommes partis pour la dernière ligne droite !

*Jour J – **Ponction ovarienne****

Je ne sais pas si tous les centres proposent les mêmes options concernant l'anesthésie pour la ponction. Dans mon cas, j'ai eu le choix entre une ***anesthésie locale****, avec en complément de l'hypnose et des antidouleurs, ou une ***anesthésie générale****, pour laquelle j'ai opté. J'avais l'impression que d'être consciente durant cette procédure allait me stresser davantage, et le fait d'avoir parlé d'anesthésie générale dès la première fois avec la biologiste m'a conforté dans ce choix, qui me rassurait. Avec un peu d'appréhension tout de même car je n'avais jamais eu d'anesthésie générale jusqu'ici.

Globalement celle-ci s'est bien passée. La veille, un appel d'une des infirmières du service pour me rappeler les consignes. Et me voilà le jour J, à jeun dans l'attente de ma ponction. Amour a pu m'accompagner, chose qui me rassure grandement, et me tient compagnie un moment, avant de se rendre à la PMA pour son prélèvement. Il revient ensuite pendant que j'attends d'être emmenée au bloc. Il s'agit d'une hospitalisation en ***chirurgie ambulatoire**** donc j'ai dû prendre deux douches à la bétadine (une la veille et une le jour même), j'attends maintenant qu'on vienne me chercher.

Quand vient le moment, une infirmière m'appelle, et me conduit dans une salle où je dois me dévêtir et enfiler une blouse et une charlotte (ah… mes fringues préférées). Elle me conduit ensuite au bloc, où deux autres infirmiers prennent le relais. L'on me pose à nouveau quelques questions sur d'éventuelles allergies aux médicaments…, l'on pose des électrodes sur ma poitrine afin de mesurer mes constantes, puis pose du cathéter de la perfusion.

Enfin, l'on m'annonce qu'on va démarrer et l'on me demande d'inspirer grandement dans le masque à oxygène qu'on vient de me poser sur le visage. 1, 2, 3, 4, 5…

A peine une heure plus tard, me voilà émergeant en salle de réveil. Cette phase de réveil peut durer plus longtemps bien sûr en fonction des personnes. Je suis d'ailleurs la première étonnée lorsque je demande l'heure à une infirmière et qu'elle me l'annonce car je pensais avoir été endormie des heures entières.

Une phase de surveillance est donc lancée, avant de me ramener dans mon box. Je ressens une petite douleur mais vraiment supportable. J'attends donc patiemment de retrouver Amour et surtout de voir le médecin, qui nous annoncera combien d'ovocytes ont pu être prélevés.

Et les résultats finissent par tomber. Le médecin annonce que la ponction s'est bien passée et que nous avons 5 ovocytes prélevés. En entendant ce chiffre, je suis d'abord un peu déçue, car au vu des précédentes échographies, je pensais qu'on en aurait eu un peu plus, mais c'est déjà une grande victoire. Elle me rappelle que dans mon cas, les embryons obtenus seront congelés, et que les biologistes m'appelleront dès le lendemain pour m'informer du développement des gamètes. Le retour à la maison se passe bien avec des douleurs légères et très peu d'effets secondaires suite à l'anesthésie, si ce n'est quelques nausées le soir.

Les jours d'après

J'essaie de ne pas être trop impatiente quant à l'appel des biologistes. Je me réjouis déjà d'avoir pu arriver au bout de ce traitement, malgré les nombreux effets secondaires et j'essaie de positiver encore au maximum quant à la suite des événements.

Premier appel, l'on m'annonce que nous avons 3 ovocytes fécondés, et un quatrième qui reste en surveillance. Le 5e ovocyte n'ayant pas été suffisamment mature finalement. 3 ! sur 5 ! Je l'annonce à Amour et nous sommes heureux. Au vu du nombre d'ovocytes ponctionnés, 3 c'est déjà plus de la moitié, ce sont 3 possibles embryons, nous sommes vraiment enthousiastes et rassurés. Nous gardons en mémoire que pour certaines personnes, la phase de fécondation ne se produit pas. Or, nous avons cette chance que les gamètes aient été d'assez bonne qualité pour produire ce début de miracle.

Deuxième appel, nous avons bien 3 embryons, « 3 beaux embryons » selon le professionnel qui semble réellement passionné par son métier, et ça fait plaisir à entendre. A ce stade, ils comportent tous les 3 quatre cellules.

Troisième appel, il est désolé mais un des embryons a commencé à se fragmenter alors il n'est pas sûr qu'il soit d'assez bonne qualité pour être congelés. En revanche, les deux autres ont atteint les 8 cellules comme attendu et sont bel et bien congelés. Il me tiendra informée de l'évolution du 3ème d'ici quelques jours. A l'annonce de cette nouvelle, nous sommes à la fois heureux et légèrement déçus. Nous avons perdu un embryon, perdu une chance supplémentaire. Mais hauts-les-cœurs ! Nous avons deux embryons qui nous attendent patiemment au frais, jusqu'à ce que maman soit prête à les accueillir.

Mon corps a beaucoup souffert durant ce traitement, et passera encore par de nombreuses étapes avant le moment du transfert, mais tout ça se solde quoiqu'il en soit par du positif. Et comme on dit, il ne suffit parfois que d'un… Quoiqu'il advienne désormais, nous sommes déjà un peu parents, unis dans l'adversité et ayant fabriqués de petits êtres d'amour, provenant de nos deux personnes, même s'il aura fallu le concours de dizaines d'autres (haha).

Chapitre 6 : Les « must have » de la FIV

Le parcours de PMA, et notamment la procédure de fécondation in vitro implique comme constaté plus haut un certains nombres d'aspects difficiles, et désagréables, que ce soit sur le plan physique, ou sur le plan émotionnel. Il faut donc y être préparé et un certains nombres de conditions doivent être réunies, pour pouvoir traverser au mieux cette période compliquée.

Du soutien

Qu'il provienne de votre compagnon, de votre famille, de vos amis, collègues, de communautés sur le net… toute marque de soutien sincère est bonne à prendre. En effet, cette période est extrêmement complexe et la compréhension, la bienveillance qu'il pourra y avoir autour de vous ne pourra vous faire que du bien. Je remercie mon amour, mais aussi mes parents, mes frères et sœurs, mes amis, mes collègues, mes infirmières qui m'ont permis chaque jour de cette période très difficile, à leur façon, de mettre un pied devant l'autre, de ne pas sombrer dans le chagrin face à l'adversité. Je les remercie de me donner chaque jour des raisons de plus d'être reconnaissante à la vie, et de ne jamais abandonner.

De l'amour

Cela peut paraître évident, mais lorsqu'on se lance dans ce type de parcours, il est très facile de se laisser déborder par les impératifs des rendez-vous médicaux, les inquiétudes diverses et de s'oublier dans la relation amoureuse. Pourtant, l'Amour sera votre pilier le plus solide, alors il est important de se souvenir de l'entretenir au mieux durant ces temps troublés. Je ne parle pas forcément de feux d'artifices, de déclarations enflammées ou de dessous en dentelle [cela m'étonnerait que vous en ayez la force et la motivation haha], mais de marques d'affection, de tendresse et de communication ; et ce dans les deux sens. Car même si vous aurez sans doute l'impression de traverser l'enfer, il n'en reste pas moins que votre partenaire souffre également de ce parcours du combattant, même lorsqu'il est moins enclin à le montrer, souvent pour vous soutenir davantage.

Alors, aimez-vous et gardez à l'esprit la raison pour laquelle vous faites tous deux des sacrifices en ce moment. Rappelez vous que cet amour est votre moteur, votre force et que c'est ce qui vous pousse en avant, jusqu'à atteindre votre objectif de devenir parents. Soyez attentive aux marques d'affection de votre partenaire, et rendez-le lui en fonction de vos capacités du moment.

De la communication dans le couple

C'est un enjeu essentiel de façon générale, et ça le devient d'autant plus dans des moments plus difficiles à traverser. Votre partenaire n'est pas dans votre corps ou dans votre tête, et même s'il est informé des effets secondaires qui peuvent se produire, d'un point de vue médical, ce n'est pas facile pour autant de deviner ce qui se trame au moment où cela se passe. Pour moi, il a été important de le formuler à voix haute : « j'ai mal ici ou là », « j'ai envie de pleurer, je me sens tout à coup submergée de tristesse même si je ne sais pas pourquoi », « je suis très fatiguée » ou encore « je me sens incapable de faire le ménage ». Mon quotidien étant bouleversé par mon manque d'énergie, jusqu'à parfois ne plus me reconnaître, il m'a paru indispensable de verbaliser toutes ses sensations pour qu'elles soient rendues plus visibles aux yeux d'Amour. Et cela permet à mon sens, d'éviter des conflits qui peuvent parfois partir de rien. Car c'est une période où il a dû prendre sur lui et accomplir davantage de tâches ménagères, m'accompagner à des rendez-vous où je ne pouvais me rendre car incapable de conduire… dans une période où il travaillait également. Tout cela peut donc être source de frustrations, car la fatigue est aussi présente chez l'autre. Communiquer me semble donc être l'une des clés pour pouvoir mener à bien ce projet de la façon la plus zen possible.

De la patience

J'en ai déjà parlé mais ce type de parcours demande beaucoup de patience. Les rendez-vous médicaux sont nombreux, tout comme le nombre de personnes concernées aujourd'hui par les mêmes problématiques. L'attente est donc souvent longue, et parfois les heures de rendez-vous ne veulent plus rien dire. Les résultats mettent aussi des temps variables à arriver. Et finalement l'on se retrouve à être très souvent dans l'attente de quelque chose. De la poursuite des événements notamment. Cela fait maintenant 8 mois que nous sommes pris en charge par la PMA. Et de l'extérieur, peut-être même que ce qui a été réalisé durant ce laps de temps paraît dérisoire. Pourtant, chaque étape est essentielle et même si c'est très long, très difficile à supporter parfois.

Même si cette attente nous ronge, tous les moments par lesquels nous sommes passés nous ont appris quelque chose et nous aident à accepter les choses comme elles viennent, à leur propre rythme. Être patient est loin d'être facile mais permet d'appréhender les événements de manières plus sereine, et de développer également une relation plus saine avec les professionnels qui interviennent dans ce parcours. Car on aurait tendance à l'oublier, mais ce sont eux aussi des êtres-humains, avec des sentiments que l'on peut parfois heurter lorsque la patience nous abandonne.

De quoi s'occuper l'esprit

Il est important durant tout ce parcours de ne pas y penser constamment. Oui, je confirme, c'est quasiment impossible. Car lorsque l'on souhaite une chose de tout son cœur, il est difficile de s'en détacher. Pour autant, j'y reviens, avoir des hobbies permet de moins cogiter, alors soyez créatifs. Et si vous avez toujours eu envie d'essayer quelque chose, peut-être bien que c'est le moment. Bon, si vous rêviez de sauter en parachute, ce conseil ne s'applique pas forcément. Mais pour les loisirs, compatibles avec les éventuels effets indésirables de ce traitement, foncez ! Surtout si vous êtes contrainte de vous arrêter de travailler, car les journées peuvent paraître extrêmement longues. L'écriture de ce livre est donc doublement salutaire pour ma part. Netflix et les séries conseillées par mon petit frère également !

« La positive attitude » [la génération 90 vous avez la référence ?]

L'une des choses les plus difficiles et pourtant l'une des plus salvatrices, est de rester positif. Ce n'est pas du tout inné, ou du moins ça ne l'était pas pour moi. Et ça ne l'est toujours pas. Voir le verre à moitié plein plutôt qu'à moitié vide est un choix, un de ceux qui se renouvellent chaque jour, qui se travaillent. Et qui ne fonctionne pas toujours, selon les périodes, car nous sommes humains et avons tous nos moments de faiblesse. Essayer, tant bien que mal, de déceler des aspects positifs dans chaque jour, chaque événement est absolument indispensable, afin d'emmagasiner le plus d'énergie possible pour les moments les plus désagréables et tristes.

Je relie donc cette attitude positive à une valeur qui a pris beaucoup d'importance aujourd'hui dans ma vie. Celle de la gratitude. J'ai pris l'habitude chaque jour de réfléchir à ce que la journée m'a apporté, et de remercier quoiqu'il arrive pour tout ça. Dans les bons moments, je remercie pour tout le bonheur qu'il m'est donné de vivre, et dans les mauvais, je remercie pour la force que je reçois et qui m'aide à affronter les difficultés. Garder ça en tête m'a beaucoup aidé et m'aide au quotidien à ne pas me laisser abattre, même les jours de pluie.

Du lâcher prise

Décidément, j'ai décidé de vous parler de pleins de trucs hyper faciles à réaliser non ? Une difficulté supplémentaire pour une maniaque du contrôle et de l'organisation comme moi. Et pourtant, encore un point que me fait travailler ce parcours de vie et ce chemin semé d'embûches vers la parentalité. Savoir laisser les choses se faire selon un rythme que je maîtrise pas du tout et dans un ordre que j'ai tout sauf prévu. Fastoche non ? Depuis la découverte de mon endométriose, le lâcher prise m'apparaît à la fois comme un défi, et une aide précieuse. Un défi, parce que c'est toujours difficile pour moi d'accepter que tel jour, je ne suis pas en mesure de réaliser certaines activités que je pouvais avant ou que je peux faire d'autres jours. Une aide précieuse parce que c'est, non pas une excuse, mais un moyen de me dire que ce n'est pas de ma faute si j'ai des problèmes de santé, et que si je suis incapable de réaliser certaines choses, c'est peut-être que je dois me consacrer à autre chose, et parfois uniquement à reprendre des forces. Et dans le cadre de la PMA, il m'a fallu encore une fois lâcher prise, bon nombre de fois. Je réalise aujourd'hui que, par exemple, la vraie force n'était pas de me faire violence pour aller travailler, alors que ni mon corps, ni mon cerveau, ni mon cœur n'étaient en mesure d'assurer correctement. Non, la vraie force est d'accepter de lâcher prise, de laisser les choses et les événements être et se dérouler comme ils viennent, et non comme nous les avions prévus. Je me dis aujourd'hui que m'arrêter quelques semaines, au lieu de faire ma tête de mule et de vouloir tout contrôler, comme à mon habitude, a été plus que nécessaire. Pour moi, pour nous, pour nos petites gamètes en cours de fabrication. J'apprends sur moi-même chaque jour qui passe. J'apprends sur mon corps, sur ma force mentale, sur mes limites.

Cette expérience est en train de m'apprendre l'acceptation. L'acceptation de mon corps, qui change et pas forcément dans le « bon » sens si on s'en réfère aux qualités plastiques. L'acceptation d'un nouveau rythme, plus lent que celui de d'habitude, mais pas moins important. J'essaie de porter un regard neuf sur mon quotidien, différent, chamboulé, et de concentrer toutes les ondes positives dont je suis capable sur cet (ou ces) enfant(s) à venir.

Avoir foi

Plus que de parler d'une véritable religion, avoir la foi pour moi, c'est y croire. Croire que tout a une raison, qu'à chaque problème, il peut y avoir une issue. Mais ne jamais cesser de croire, même en ce qui, sur le moment, paraît impossible, ou insurmontable. C'est avoir foi en l'avenir, et pour cela, chérir le présent. C'est mettre un pied devant l'autre, ne sachant pas où cela va nous mener, mais être confiants malgré tout.

Il y a des croyances selon lesquelles les enfants à naître choisissent de le faire dans telle ou telle famille, pour apprendre et expérimenter des choses en particulier, aux côtés de leurs parents. Ce sont des théories qui peuvent s'avérer perturbantes dans le sens où on peut se demander pourquoi un enfant choisirait de naître et de grandir dans un milieu violent, ou dans un contexte de guerre, bref dans toute situation où il serait triste et en danger.

Mais quelque part, au fond de moi, et cela reste du domaine des croyances personnelles, je pense qu'il y a sans doute une part de vérité. Tout comme je crois en Dieu et à l'aide qu'il m'apporte chaque jour, tout comme je crois que chaque épreuve a quelque chose à nous apprendre.

Mais par-dessus tout, je crois sincèrement que cet enfant m'a en quelque sorte sauvée. Car si je ne l'avais pas voulu, j'aurais peut-être mis encore un certain nombre d'années à être diagnostiquée de ma maladie, l'endométriose. Peut-être que j'aurais pour une autre raison abandonné ma contraception me direz-vous. Mais moi, je choisis de croire que c'est de désir ardent pour nous de devenir parents, qui m'a mis sur le bon chemin. Je ne suis pas guérie, car à ce jour il n'y a pas vraiment de remède. Mais je suis diagnostiquée, et c'est souvent le plus compliqué dans ce parcours. Et sans cette idée de bébé, peut-être bien que les dégâts auraient été déjà plus importants, et sans doute que mon corps aurait pu être davantage abîmé. Alors si tu m'entends, cher futur bébé, je voudrais te dire merci. Quoi qu'il arrive par la suite, et quelques soient les difficultés que nous aurons encore pour que tu parviennes jusqu'à nous [car je suis certaine que cela se produira], merci pour tout.

ÉTAPES
ESPOIR
PEUR
RIRE
AMOUR
FORCE
MARCHE
PERSÉVÉRANCE
PAIX
A
B
O
U
C
O
U

PS : Si vous vous
demandez pourquoi il n'y a
pas plus de dessins, c'est
parce que j'estime que vous
avez déjà assez souffert...

Épilogue

Voilà, c'est la fin. C'est ici que je vous laisse. Encore une fois sur votre faim peut-être. A nouveau après réflexion, j'ai choisi de ne pas poursuivre ce récit plus loin. Lorsque j'ai appris que nous ne pourrions pas procéder au transfert de nos embryons juste après le traitement, j'ai choisi de prendre ça comme un signe.

Peut-être bien que la suite des événements nous appartient d'autant plus. Nous avons durant les derniers mois beaucoup souffert, émotionnellement et physiquement, tous deux épuisés par les batteries d'examens, l'attente interminable, les déconvenues lorsque l'on croyait avoir des certitudes.

C'est donc le moment pour nous, presque parents, de rassembler toute l'énergie dont nous sommes capables pour avancer encore. Il y aura sûrement d'autres larmes, des moments où l'un de nous devra faire preuve d'optimisme pour deux, parce que l'autre flanchera. Mais je ne doute pas qu'il y aura également d'autres sourires, et qu'au bout du chemin nous deviendrons pleinement d'heureux parents.

En attendant, je tiens à vous inonder de bonnes ondes. Quoi qu'il se passe pour nous, à l'issue de cette première FIV, je tiens à vous dire les choses suivantes.

Prenez soin de vous, de vous-même et de votre partenaire. Prenez soin de votre amour, et soyez reconnaissant de partager cette vie. Ne vous en voulez pas de tomber, prenez simplement soin de toujours vous relever, peu importe le temps que ça prendra. Croyez en vous, et n'abandonnez jamais.

Dans ce combat quotidien qu'est l'infertilité, toutes mes pensées et mon amour vous accompagnent.

Glossaire

- **Anesthésie locale**

« L'anesthésie locale est limitée à une petite zone du corps et ne modifie pas l'état de conscience. Le produit anesthésique est appliqué ou injecté dans la zone dans laquelle est prévue le geste chirurgical ou dentaire. La zone devant être anesthésiée devient insensible à la douleur. Le patient reste éveillé tout au long de l'intervention. L'anesthésie locale s'effectue à l'aide d'une injection d'anesthésiques locaux dans les tissus à anesthésier ou parfois par l'application d'un gel ou d'une crème contenant des anesthésiques. La petite quantité d'anesthésiant utilisée la plupart du temps (injecté ou appliqué) permet une récupération très rapide. »

- **Anesthésie générale**

« L'anesthésie générale (ou AG) est un acte médical qui vise à plonger un patient dans un sommeil profond, tout en le privant des sensations douloureuses. Par décret, en France, elle ne peut être pratiquée que par un médecin anesthésiste-réanimateur. »

- **Chirurgie ambulatoire**

« La chirurgie ambulatoire est un mode de prise en charge permettant de raccourcir à une seule journée votre hospitalisation pour une intervention chirurgicale. Vous rentrez donc le matin pour être opéré le jour même et ressortir le soir. La durée de séjour à l'hôpital est de quelques heures à moins de 12 heures. Cette modalité de chirurgie est pratiquée avec l'accord du patient et sous certaines conditions, tenant compte à la fois du type d'intervention chirurgicale réalisée, des conditions de vie du patient (présence d'un accompagnant) et de l'organisation des services de chirurgie. »

- **Endométriose**

"Maladie chronique avec potentiel de récidive, causée par le développement d'îlots de tissu semblable à celui de la muqueuse utérine ou endomètre. Ce tissu, appelé tissu endométrial, se développe hors de l'utérus sous formes de lésions, d'adhérences et de kystes dans divers organes ainsi colonisés (ovaires, trompes, péritoine, rectum, vessie, diaphragme, …). A l'instar de l'endomètre, les localisations du tissu endométrial, hors cavité utérine, ont un développement rythmé par le cycle ovarien et menstruel. Chaque mois, au moment des règles, des micro-hémorragies surviennent au niveau des lésions d'endométriose. Le sang ainsi accumulé à l'intérieur de l'abdomen ne peut pas être éliminé, et subit une dégradation progressive qui libère des enzymes responsables d'une intense réaction inflammatoire."

• **FIV**

"C'est une fécondation qui se fait à l'extérieur du corps de la femme, dans un milieu de culture dont la composition est proche de l'environnement naturel des trompes. Pour y parvenir, on utilise les ovocytes (ovules) et les spermatozoïdes des conjoints."

• **Hystéroscopie**

"L'hystéroscopie est une technique endoscopique, visant à explorer l'intérieur de la cavité utérine grâce à un hystéroscope (caméra miniature) introduit par les voies naturelles."

• **PMA**

"La PMA ou Assistance médicale à la procréation (AMP) « consiste à manipuler un ovule et/ou un spermatozoïde pour procéder à une fécondation », selon les mots de l'Institut national de la santé et de la recherche médicale. Actuellement, elle permet aux couples qui ne parviennent pas à avoir d'enfants de concevoir."

- **Polype**

« Par définition, un polype utérin est une tumeur bénigne de l'utérus. Le plus souvent, il n'occasionne aucun problème de santé mais un polype utérin doit quand même être surveillé : il peut nécessiter un traitement dans certains cas. »

- **Ponction ovarienne**

« Deuxième étape du déroulement de la FIV, elle s'effectue au bloc opératoire sous neuro-analgésie ou sous anesthésie locale, parfois sous hypnose. L'intervention dure environ 10 minutes. Les ovocytes sont aspirés par un kit de ponction sous échographie. Les ovocytes baignant dans leur liquide folliculaire sont ensuite acheminés jusqu'au laboratoire dans une mallette thermostatée à 37°. »

Sitographie / Bibliographie

- Endofrance (www.endofrance.org)

- E-Santé (www.e-sante.fr)

- FIV France (www.fivfrance.com)

- Futura Santé (www.futura-sciences.com)

  Guide de l'infertilité (www.guide-de-l-infertilite.fr)

- Hopital (www.hopital.fr)

- Le Journal des femmes (www.sante-medecine.journaldesfemmes.fr)

- Passeport Santé (www.passeportsante.net)

- Santé sur le net (www.sante-sur-le-net.com)

- Dr Laurent ARNAUD et Yannick VERITE, « Pourquoi eux et pas nous ? » [Quintessence, 2016]

- Elisabeth HALETT, « Stories of the unborn soul : the mystery and delight of pre-birth communication » [Iuniverse, 2002]

Made in the USA
Monee, IL
07 July 2026

56686378R00038